AF262335

LORD ROSEBERY ET NAPOLÉON

PAR

HENRI WELSCHINGER

LA CHAPELLE-MONTLIGEON

IMPRIMERIE LIBRAIRIE DE NOTRE-DAME DE MONTLIGEON

—

1901

LORD ROSEBERY ET NAPOLÉON

PAR

Henri WELSCHINGER

LA CHAPELLE-MONTLIGEON

IMPRIMERIE-LIBRAIRIE DE NOTRE-DAME DE MONTLIGEON

—

1901

Extrait de « LA QUINZAINE » du 1er Août 1901.

LORD ROSEBERY ET NAPOLÉON [1]

A peine l'ouvrage de lord Rosebery sur Napoléon avait-il
paru que de nombreux journaux anglais l'accueillaient avec
enthousiasme. Pourquoi? Parce que c'était l'œuvre d'un homme
qui avait joui de la faveur publique et qui était, sans aucun
doute, appelé à la ressaisir. Plusieurs journalistes français
s'empressèrent de partager l'enthousiasme de leurs confrères
anglais. Celui-ci disait : « Au moment où le siècle, dont les
quinze premières années ont été ensanglantées par la guerre
la plus formidable qui ait mis en question la puissance de
l'Angleterre, va toucher à sa fin, ce n'est pas un des moins
curieux symptômes d'apaisement historique que ce besoin
éprouvé par un des hommes d'État les plus considérables de la
Grande-Bretagne d'entreprendre une étude impartiale sur le
vaincu de Waterloo. » Celui-là déclarait que le livre de lord
Rosebery attirerait l'attention du monde entier par la franchise
avec laquelle il regrettait les cruautés inutiles de Sainte-Hélène.
Il félicitait un Anglais de faire enfin amende honorable à ce
sujet, oubliant sans doute les protestations éloquentes de lord
Byron et de sir Thomas Moore. « Lord Rosebery, disait-il, a
fourni une preuve irréfutable de son patriotisme qui consiste,
non pas à exciter la haine de l'Europe contre son pays en donnant libre cours à une arrogance intolérable, mais à dire haute-
ment que l'Angleterre doit être confuse en songeant aux cruautés de ses ministres contre un des géants de l'Histoire. Il n'est
pas trop tard pour reconnaître les fautes de Liverpool, de Castlereagh et de Hudson Lowe, et il n'est pas indifférent d'apprendre

(1) *Napoléon. — La dernière phase*. Londres, 1 volume gr. in-8°, chez Arthur Hum-
phreys, 1900 — et chez Hachette, 1 volume in-12, traduction par M. Augustin
Filon, 1901.

en France, par la plume d'un des plus grands hommes d'État de l'Angleterre, que lui et des milliers de ses concitoyens se révoltent en songeant aux insultes dont a souffert l'illustre et infortuné prisonnier. »

Un autre journaliste, M. Filon, renchérissant encore, a écrit : « C'est un des livres les plus considérables qui nous soient venus de l'autre côté du détroit depuis bon nombre d'années. Le sujet est un des plus passionnants qu'on puisse nous offrir... Le talent prodigué dans ce livre, talent d'une espèce toute particulière et absolument originale, suffirait à en faire un livre de premier ordre et à remuer le public tout entier jusque dans ses couches profondes. » Il est vrai qu'il s'était hâté d'ajouter : « Oh ! ce n'est pas un livre impeccable ! » C'est ce que nous verrons bientôt. Le très distingué et très spirituel écrivain, M. Filon, donnait un autre motif du succès qui favorisait en Angleterre le livre de lord Rosebery : « C'est, disait-il, qu'il vient à son heure et qu'il est plein de l'esprit du temps. En un mot, c'est un livre impérialiste. Il éveillera dans les âmes je ne sais quelle vague aspiration vers la vraie grandeur, je ne sais quel regret amer de n'avoir pas un homme à placer au sommet de l'immense pyramide. Quel rêve si on pouvait échanger l'homme au lorgnon insolent contre l'homme au petit chapeau ! » Mais M. Filon oubliait de dire que plusieurs Anglais regrettaient l'apparition de cet ouvrage et le qualifiaient de « livre insuffisamment informé et inopportun, car il ne pouvait que noircir la réputation du gouvernement anglais aux yeux du monde ». (*The Athenæum* — novembre 1900.) Enfin, une autre Revue, tout en reconnaissant que cette monographie était l'une des plus saisissantes qui eussent paru en Angleterre sur Napoléon, disait : « Il est impossible d'affirmer que cette étude contienne grand'-chose de nouveau... Elle est d'un intérêt surtout subjectif, car c'est l'œuvre d'un homme d'État et d'un soldat jugée par un homme d'État. » (*Quarterly Review* — janvier 1901.)

Avant d'examiner à notre tour, et en détail, la valeur réelle du nouvel ouvrage de lord Rosebery, voyons un peu la physionomie et le caractère de l'auteur. Il en vaut la peine.

Archibald-Philippe Primrose, comte de Rosebery, fils de lord Archibald Dalmeny et de lady Catherine-Lucie-Wilhel-

mine Stanhope, naquit le 7 mai 1847. Il reçut sa première
éducation au collège d'Éton, puis acheva ses études à l'Université d'Oxford. En 1868, il avait pris le titre de quatrième comte
de Rosebery et la mort de son grand-père l'avait fait pair du
Royaume. Il acquit bientôt une réelle célébrité par sa distinc-
tion, sa beauté et sa bonne humeur. Gentleman accompli, dan-
seur infatigable, adonné à tous les sports, il était aussi appré-
cié des femmes du monde que des jeunes gens qui le prenaient
pour modèle d'élégance et de bon goût. Actuellement encore,
lorsqu'il parcourt à cheval, et la boutonnière fleurie de gardenias,
les allées de Hyde Park, on le salue à l'envi. Si son coupé s'arrête
un instant parmi d'autres voitures, les gentlemen reconnaissent
sa livrée et agitent leurs chapeaux; les femmes elles-mêmes
remuent leurs ombrelles en signe de joyeuse satisfaction. Il
est très populaire. Dans sa résidence de Berkeley Square, les
visiteurs remarquent, non sans étonnement, le portrait d'un
cheval placé bien en vue au-dessus de sa table de travail.
Serait-ce le portrait de *Ladas*, le cheval avec lequel il gagna, en
1894, au Derby d'Epsom le prix de deux mille guinées? Cela se
pourrait, car il est très fier de ce *Ladas* qu'il avait lui-même
ramené triomphalement sur la piste d'Epsom, aux applaudis-
sements de ses concitoyens en délire. A ceux qui avaient cri-
tiqué ses goûts hippiques, il avait répondu : « Comme Olivier
Cromwell, j'ai des chevaux de course et j'éprouve de l'orgueil à voir l'un d'eux révéler des qualités exceptionnelles. »
Eh bien! ce n'est pas le portrait de *Ladas* qu'il a mis en vedette
dans son cabinet de travail; c'est celui de *Marengo*, le cheval
célèbre de Napoléon. Ce fait indiquait déjà un penchant pour
ce qui touchait à l'Empereur et laissait deviner qu'à l'occasion
il aimerait à en parler.

En 1871, lord Rosebery fut choisi comme ministre par Gladstone. Il se montra orateur habile et se distingua particulière-
ment dans l'affaire de l'*Alabama*. En 1874, il présida le Congrès
social à Glasgow. En 1878, il épousa miss Hannah de Rothschild, fille unique du feu baron Meyer de Rothschild, l'une des
plus riches héritières de la Grande-Bretagne, qui sut intel-
ligemment associer sa fortune matérielle à sa fortune politique.
Le brillant gentleman renonça alors à ses folies de jeunesse et

surprit ses amis par une sagesse remarquable. Il devint tout à coup un mari irréprochable, ne trouvant pas de félicité supérieure à celle de vivre en compagnie de sa femme, à voyager avec elle aussi bien dans les Indes et l'Australie qu'en Angleterre, à manifester un goût particulier pour les Beaux-Arts, à collectionner des bibelots de prix, à acheter des tableaux, des tapisseries et des livres rares.

Il n'était pas moins bon politicien que bon collectionneur. A ses titres de recteur des universités d'Aberdeen et d'Édimbourg, il joignit celui de lieutenant de Gladstone en faisant triompher le parti libéral aux élections de 1880. On le voit, en 1881, sous-secrétaire d'État à l'Office colonial ; en 1883, ministre des Postes ; puis, en 1886, secrétaire du Foreign Office dans le cabinet du *Grand Old Man* qui préconisait alors l'alliance de l'Allemagne, la domination absolue de l'Angleterre en Égypte et l'opposition formelle à l'influence russe en Bulgarie. Devenu en 1888 membre du Conseil de la Cité de Londres, il montrait une vive intelligence des affaires et apprenait à manier les choses et les hommes.

Sa femme, qu'il adorait et dont il avait fait son premier auxiliaire, succomba, en 1890, à une fièvre typhoïde. Elle lui laissait quatre enfants. Sa douleur fut telle qu'il se retira momentanément de la vie politique. Sa santé fut même compromise pendant quelque temps, mais son énergie reprit le dessus. Pour occuper ses loisirs, il écrivit, sur le conseil de sir John Morley, une vie de Pitt, qui fut sa première manifestation historique. Il était resté, quoique à l'écart de la politique, le champion du parti libéral contre le parti conservateur qui soutenait le cabinet Salisbury ; il se décida, en 1892, à revenir aux affaires avec Gladstone.

Il reprit alors ses idées d'alliance avec l'Allemagne pour renforcer la Triple-Alliance opposée à l'alliance de la France et de la Russie. Lorsque Gladstone, vaincu par l'âge, se retira, lord Rosebery devint premier ministre, recueillant une lourde succession avec un parti sans cohésion et sans discipline. Il arriva à se brouiller avec le groupe irlandais et fut contraint de donner sa démission de chef du parti libéral. Non seulement il renonça à la politique chère à son ancien maître, mais il se mit à professer un impérialisme qui, sans être aussi brutal que celui de M. Chamberlain, n'en était pas moins regrettable. Mal soutenu ou trahi par ses partisans, il fut obligé de prendre sa retraite en 1896 sans perdre toutefois sa popularité. Il l'accentua en se déclarant, comme tant d'autres, l'adversaire acharné des Boërs, prêt à leur ravir aussi bien le territoire que l'indépendance. Il revint un instant en scène, l'an dernier, à propos de cette redoutable question et parla de façon à satisfaire les passions toujours ardentes et toujours excitées de ses compatriotes égarés par Chamberlain. Les vrais libéraux ont pour lui une défiance justifiée et ne croient pas, comme ceux qui le voient déjà revenir au pouvoir en dépit de ses dénégations, qu'il saura mettre fin aux crises qui agitent si dangereusement la Grande-Bretagne.

Recteur de l'Université de Glasgow, lord Rosebery prononçait, il y a cinq mois, un grand discours sur la situation de l'empire britannique, dont il voudrait faire — par un curieux mélange, — une puissance de paix, de civilisation, de foi, d'action, de commerce et d'affaires. Pour conserver à ce pays là suprématie dont il est fier, il déclarait que le besoin le plus urgent était de former des hommes capables d'occuper de hautes positions dans toutes les branches de l'activité humaine ; de rendre l'éducation plus moderne et plus commerciale ; de donner une plus grande place aux langues vivantes, de créer une Faculté de commerce, car aujourd'hui toutes les nations veulent devenir des nations de boutiquiers et tout kilomètre non occupé sur la carte du monde est l'objet d'une lutte acharnée. Lord Rosebery reconnaissait que les Anglais, qui bénéficiaient jadis d'une sorte de monopole, avaient maintenant à combattre pour leur existence. Il prévoyait pour le XXᵉ siècle des compétitions internationales féroces, et telles que les Anglais devaient se préparer par un travail opiniâtre à posséder la maîtrise comme guerriers, comme hommes d'État et marchands. Ces prévisions prouvent que si lord Rosebery redevient le chef du parti libéral réorganisé, il pratiquera l'impérialisme avec un acharnement presque égal à celui de M. Chamberlain. Il l'a fait comprendre par une comparaison originale. « De la formation des hommes, a-t-il déclaré, dépend l'avenir immédiat

de l'empire anglais, et qu'est-ce qu'un empire, sinon la prédo-
minance d'une race ? Le jeu du foot-ball peut servir d'exemple.
Autrefois, on jouait au simple ballon. Aujourd'hui, il faut pour
le jeu nouveau le concours de tous les efforts dont l'homme
est capable. La science du foot-ball est poussée si loin que le
camp qui ne possède pas toutes ces aptitudes est certain
d'être vaincu. Il en est ainsi des nations. » Lord Rosebery, qui
veut la maîtrise en tout pour son pays et qui s'est associé à la
politique brutale de conquêtes et de violences préconisée par
le ministère Salisbury-Chamberlain, n'a qu'une fois, cette
année, le 17 janvier, au banquet de la Chambre de Commerce
de Wolverhampton, — saisi l'occasion de calmer l'appétit immodéré de ses compatriotes. Il a même été amené à faire cet aveu :
« L'acquisition d'un territoire par la force, a-t-il dit, dépasse
énormément en frais la valeur matérielle de ce territoire. » Il
ne croyait pas dire si vrai. « Ce n'est pas la peine, ajoutait-il,
pour aucune nation de faire la guerre pour obtenir des terri-
toires. J'espère donc que la guerre sera écartée, parce que la
guerre est ordinairement le résultat des passions, tandis que les
affaires du commerce et de l'industrie, qui rendent un métier
prospère, sont basées sur la raison. » On se demande alors
pourquoi l'honorable lord n'a pas consacré tous ses loisirs à pré-
coniser plus fréquemment cette politique qui rendrait peut-être
les guerres impossibles, qui empêcherait en tous cas les gouvernements, le sien surtout, de commettre des violences et des
cruautés indignes. Pourquoi n'a-t-il pas manifesté publiquement
tous les sentiments généreux qui emplissaient son cœur, lorsqu'il
se préparait à publier le livre qui devait soulever tant de curiosité et causer tant d'impression en Angleterre ? Sa pitié pour
Napoléon vaincu ne devait-elle pas lui inciter une autre pitié pour
un petit peuple injustement attaqué et odieusement traité ?...
Ah ! c'est qu'il y a des différences très grandes entre l'homme
politique et l'écrivain ! Celui-ci, sous l'impression de la pitié
et de la générosité, donne des leçons à qui les mérite, blâme l'in-
justice, défend l'infortune, écrit des pages émues et pleines de
clémence ; celui-là refoule ses idées généreuses, parce qu'il
songe au pouvoir qu'il reprendra malgré ses protestations dédai-
gneuses, et parce qu'il ne veut pas perdre sa popularité. Et

cependant lord Rosebery aurait dû se rappeler les nobles jouis-
sances que lui ont causées certaines pages de la *Dernière phase
de Napoléon,* où il s'élève avec ardeur contre la violence et la
tyrannie. Nous allons étudier avec attention cet ouvrage et en
faire ressortir les parties qui sont à l'honneur de l'écrivain, tout
en donnant à la critique la légitime part qui lui revient.

* *
*

Comment lord Rosebery a-t-il été amené à décrire son nouveau livre? Par une admiration pour l'empereur Napoléon qu'il
ressentit dès l'enfance et qu'il ne chercha point à dissimuler. A
seize ans, il était venu à Paris, comme nous le rapporte
M. Augustin Filon; il visita le tombeau impérial aux Inva-
lides, et il déclara que cette visite lui avait causé la plus pro-
fonde émotion. Dès ce moment, l'ombre de Napoléon le hanta
et l'obséda. Il en parla à lord Beaconsfield qui lui expliqua comment il s'était décidé à écrire le *Comte Alarcos.* « Mon but, lui
dit-il, n'était pas de produire une grande tragédie, mais de conjurer un fantôme littéraire. » Ce fantôme l'aurait poursuivi
partout, s'il n'avait pris enfin de par sa volonté la forme d'un
livre. Pendant les loisirs que lui laissa la défaite du parti libéral,
de 1886 à 1889, lord Rosebery s'attaqua enfin au sujet qui le
préoccupait. Se rappelant sa conversation avec Beaconsfield, il
résolut de faire comme lui. « Mon livre, avoue-t-il, a été écrit
pour conjurer un fantôme littéraire, immobile pendant bien
des années, et auquel la lecture du dernier journal de Gourgaud, jointe à l'influence stimulante d'un long loisir, a rendu
le mouvement. » Il est certain que la publication de ce journal, faite avec tant de soin par le Vte de Grouchy et M. Antonin Guillois, fut comme le stimulant qui fit sortir lord Rosebery de ses hésitations. Il se mit donc à la tâche, rédigea et
publia son nouveau livre.

Je dois dire tout de suite que l'écrivain anglais a attaché,
suivant moi, trop d'importance aux souvenirs du général Gourgaud. Non pas que je veuille ainsi en diminuer la valeur,
mais il me sera permis d'affirmer que lord Rosebery a ajouté
une foi trop crédule à ce que rapporte Gourgaud. Celui-ci

mentionne tout ce que l'Empereur lui a dit ; mais tout n'était pas à mentionner, tout n'était pas à accepter au pied de la lettre. Les entretiens de Napoléon et de Gourgaud contiennent, de la part de l'Empereur, des boutades, des mots ironiques ou à double sens, des railleries déguisées, des hypothèses que le trop fidèle rédacteur prend souvent pour des réalités et ne met jamais en doute. Telles ou telles affirmations, échappées à l'Empereur dans un mouvement de vivacité et relatées soigneusement par Gourgaud, eussent été modifiées ou même rayées par Napoléon, s'il eût pu les revoir lui-même, comme il est facile de s'en rendre compte, en contrôlant ces affirmations avec celles du *Mémorial* et avec les récits de Montholon. On doit savoir que Gourgaud, tout en étant d'une grande franchise, avait une extraordinaire liberté de langage et un caractère difficile, une jalousie amère contre les autres serviteurs de son maître, surtout contre Montholon, jalousie qui allait jusqu'au délire, ce qui l'amena plus d'une fois à forcer la note de son journal. Lord Rosebery n'a pas tenu assez compte de ces faits et il a employé le récit de Gourgaud comme un document irréfutable, comme le seul qui fût propre à retracer la physionomie exacte de Napoléon. J'aurai l'occasion, çà et là, de relever les erreurs où ce journal l'a fait tomber.

L'auteur a divisé son livre en seize chapitres intitulés : « Les Sources littéraires ; — Las Cases ; Antommarchi et autres ; — Gourgaud ; — La Déportation ; — Sir Hudson Lowe ; — La Question du titre ; — La Question d'argent ; — La Question de la garde du prisonnier ; — Lord Bathurst ; — Les Personnages du drame ; — Les Commissaires ; — L'Empereur chez lui ; — Les Conversations de Napoléon ; — Les Regrets suprêmes ; — Napoléon et la démocratie ; — La Fin. » Lord Rosebery n'a pas cru devoir mettre de devise à son livre. Il n'a pas eu la pensée — et il a bien fait — d'imiter sir Baring Gould (1) qui a gracieusement reproduit en son livre une petite vignette où l'on voit Napoléon fumant tristement son cigare à Sainte-Hélène, avec cette réclame pour une maison anglaise : *St Helena Cigars.*

(1) *The Life of Napoléon Bonaparte,* London, 1897.

Dès la première page, lord Rosebery se demande s'il y aura jamais une vie exacte de Napoléon. Jusqu'à ce jour, les préjugés et les passions ne permettaient pas d'y songer. D'ailleurs, l'influence napoléonienne est encore trop puissante pour donner à l'auteur de ce livre la liberté et l'indépendance nécessaires. Puis, les éléments faisaient encore défaut même à une époque récente. On ne connaissait que de mauvaises compilations ou des pamphlets, ou des biographies incomplètes. Voilà ce que dit lord Rosebery. Il exagère un peu. Même avant le complément de la Correspondance impériale, on avait, depuis une quinzaine d'années au moins, les éléments utiles pour écrire une vie suffisante de Napoléon. Il est certain qu'en ce moment les documents se sont multipliés et que des travailleurs énergiques pourraient rédiger non seulement l'histoire civile que réclame lord Rosebery, mais toute l'histoire de l'Empereur. Cela viendra peut-être bientôt, et quelque érudit, laborieux et bien renseigné, nous donnera le livre que l'on réclame aussi bien en France qu'en Angleterre.

Cette tâche paraît effrayer l'auteur anglais, car rien que les six ans de Sainte-Hélène lui semblent tout un monde. Il a découvert que la psychologie de Napoléon a été décrite en ce lieu par lui-même. Cela est incontestable. Il ajoute qu'on n'a peut-être pas accordé une attention suffisante aux dictées et aux *Mémoires* de Sainte-Hélène. Je puis lui affirmer que plus d'un historien français les a lus, étudiés, et s'en est servi. Il nous reproche d'avoir préféré à ces écrits les racontars de Bourrienne, de Rémusat, de Constant. Les chroniqueurs ou les petits écrivains, les abonnés des cabinets de lecture, oui. Les écrivains sérieux, non. Lord Rosebery veut bien nous apprendre que les *Mémoires* de Sainte-Hélène restent comme l'expression directe et réfléchie d'un prodigieux génie. Nous le savions. Il déclare qu'ils contiennent des jugements intéressants sur César, Frédéric, Turenne et autres. Nous le savions aussi. Il nous invite à ne pas trop nous préoccuper de certaines contradictions qui apparaissent dans ces récits et nous apprend qu'autrefois on n'exigeait jamais d'un homme d'État qu'il dît la vérité. Nous le savions encore. Et j'ajoute que nous ne demandons pas aux politiques et aux diplomates actuels de nous dire la vérité, car cette·promesse de leur part serait plus trompeuse que leur dissimulation. Si Napoléon a écrit son apologie, je ne pense pas — pour les avoir lus de près, — que M. de Metternich ou que M. de Bismarck aient laissé des pages défavorables à leur propre mémoire. Quant aux bulletins que l'Empereur envoyait de ses bivouacs glorieux à la capitale de la France, lord Rosebery trouve qu'ils sont arrangés de façon à présenter les faits sous un jour trop favorable. Nous avons lu récemment les bulletins de lord Roberts. Nous lisons aujourd'hui les bulletins de lord Kitchener. Nous lisons aussi les communications du War Office et nous sommes ravis de leur sincérité.

Examinant les publications nouvelles parues sur Sainte-Hélène, lord Rosebery remarque qu'elles s'amoncellent les unes sur les autres. Nous ne sommes plus au temps où l'on se contentait des lettres de Warden ou des livres d'O'Méara, de Montholon, de Las Cases, d'Antommarchi. Depuis sont venus les récits des commissaires Montchenu, Balmain, Stürmer, les ouvrages de Forsyth, Seaton, miss Betsy Balcombe, lady Malcolm, etc., enfin le journal de Gourgaud. Lord Rosebery constate que c'est celui qui nous a le plus révélé, non seulement sur Napoléon à Sainte-Hélène, mais encore sur Napoléon à tous les instants de sa carrière. Il déclare que ce récit rapproche le lecteur de la vérité beaucoup plus que les autres publications. Celles-ci lui paraissent trop souvent fausses; celle-là seule est vraie. Il constate qu'en général il y a quelque chose dans l'air de Sainte-Hélène qui empêchait la vérité de s'y acclimater. Mais Forsyth, Seaton et autres historiens anglais n'ont point respiré cet air, et cependant!... Lord Rosebery souhaite que le vrai journal d'O'Méara, qui doit se trouver quelque part en Californie, soit publié un jour ou l'autre, ainsi que les passages supprimés du livre de Las Cases. S'ils contiennent, comme il le croit, des détails curieux et originaux, formons avec lui le vœu de les voir paraître enfin.

Après avoir fait l'éloge du journal de Gourgaud, lord Rosebery croit pouvoir ajouter qu'après son départ de Sainte-Hélène, en 1818, on n'a plus rien sur les trois dernières années de Napoléon, sauf les rapports officiels du gouvernement anglais.

C'est oublier, il me semble, le *Mémorial;* c'est en faire vraiment trop peu de cas. Amené à en parler, lord Rosebery trouve qu'il ne manque pas d'un certain charme et même de quelque éloquence. Enfin, quand on peut le confronter avec d'autres témoignages, on le trouve exact. Mais l'idolâtrie du serviteur pour le maître y est telle qu'elle enlève parfois au premier la vision claire des choses. Relevant certaines erreurs dans le récit de Las Cases, lord Rosebery l'appelle « un arsenal de documents apocryphes ». Il y a là quelque exagération. Plusieurs lettres de Napoléon à Murat, à Bernadotte et à Louis paraissent apocryphes; mais est-ce bien l'œuvre de Las Cases et est-il permis de dire, même en latin : « *Aut Las Cases, aut diabolus?...* » Là où je reconnais sans hésiter le faux, c'est, par exemple, lorsqu'il s'agit d'une prétendue lettre du duc d'Enghien adressée à Napoléon la veille de son exécution et supprimée par Talleyrand. Le célèbre ministre des Relations extérieures a, dans cette triste affaire, assez de choses à son actif pour qu'on ait besoin de grossir son dossier. Napoléon, au dire de Warden et d'O'Méara, avait reconnu l'existence de cette lettre et la culpabilité de Talleyrand. Cela est faux. Mais ce qui ne l'est pas, et ce que lord Rosebery a tort de contester, c'est la rectification apportée à ce sujet par M. de Montholon. Celui-ci rapporte que le duc d'Enghien avait écrit, sur le procès-verbal de l'interrogation fait par le capitaine Dautancourt, quelques lignes relatives à une demande d'audience particulière du Premier Consul et que Napoléon n'eut connaissance de cette demande qu'après l'exécution. Lord Rosebery ne considère pas cette rectification comme plus authentique que la fameuse lettre attribuée au duc d'Enghien. Cependant, il est avéré que le duc avait fait la demande d'audience; que le président de la Commission militaire, Hulin, s'était, après la condamnation, mis à écrire une lettre au Premier Consul où il lui faisait part du désir du prince, et que Savary lui avait arraché la plume des mains en disant : « Votre affaire est finie; maintenant cela me regarde! » Je crois l'avoir démontré péremptoirement dans mon livre sur le *Duc d'Enghien.* Quant à la phrase, ajoutée par Napoléon à son testament, le 26 avril 1821, elle l'a été dans un élan d'orgueil. En public, devant témoins, l'Empereur soutenait la nécessité de l'exécution. Mais dans l'intimité, il la déplorait et il allait jusqu'à dire, comme cela lui échappa un jour : « C'est un crime et qui ne mène à rien ! »

Pour Talleyrand, lord Rosebery trouve que sa conduite dans l'affaire du duc d'Enghien demeure obscure. Il est pourtant indiscutable que, le 8 mars 1804, Talleyrand a écrit à Bonaparte qu'un Bourbon dirigeait la conspiration ourdie contre lui et que le salut de l'État demandait que tous les conspirateurs fussent atteints sans exception. Il est pourtant hors de doute qu'au Conseil du 10 mars il a conclu à l'enlèvement et au jugement du prince et de ses complices ; qu'il a écrit le 11 mars une lettre au baron d'Edelsheim pour l'informer de l'envahissement du territoire badois ; qu'il a choisi M. de Caulaincourt pour mener l'affaire au point de vue diplomatique d'après ses propres instructions ; qu'averti par notre chargé d'affaires près l'Électeur de Bade de l'innocence du duc d'Enghien, il a passé outre ; qu'il a essayé de justifier le meurtre dans ses circulaires officielles aux puissances étrangères et qu'il a eu la triste impudence de donner un bal chez lui, trois jours après l'exécution. Voilà comment la conduite de Talleyrand est demeurée obscure dans cette affaire !

Avec une hauteur dédaigneuse, lord Rosebery appelle M. de Montholon un mondain correct et bienveillant. Les *Souvenirs* de cet honnête homme méritaient d'être traités avec plus de considération. Ils contiennent, entre autres détails importants, des instructions de Napoléon à son fils dont les historiens sérieux ont reconnu la valeur et l'authenticité. L'écrivain anglais malmène fort Antommarchi, médecin sans expérience, qu'il estime seulement comme anatomiste, et encore... Le seul service qu'il aurait rendu à l'histoire et qui effacerait presque les faussetés de ses récits, c'est le moulage de la figure de Napoléon pris par lui après sa mort. « Comme il est beau ! » s'écriaient les Anglais qui le virent alors. Si cette exclamation est vraie, comment lord Rosebery a-t-il eu le courage de mettre en appendice de son volume les méchantes petites notes de Senhouse, de Bunbury et d'Henry, qui font de l'image de l'Empereur une triste caricature ? Enfin l'ouvrage de Warden semble à lord Rosebery un déplorable galimatias ; la *Voix de Sainte-Hélène,* par O'Méara, un livre misérable, en dépit de son allure animée et de la vivacité du dialogue ; le livre de Santini, une imposture ; mais celui de lady Malcolm, une vivante reproduction des conversations de Napoléon recueillies par cette dame sur les lèvres de son mari. Quant aux lettres d'Hudson Lowe à l'amiral Malcolm, « elles sont âpres, mesquines, soupçonneuses. — Il est impossible de les lire, avoue lord Rosebery, sans reconnaître qu'un tel homme n'avait rien de ce qui convenait pour représenter la Grande-Bretagne dans une situation aussi difficile et aussi délicate. »

*
* *

Lord Rosebery revient au journal de Gourgaud et répète que seul, parmi les chroniqueurs de Sainte-Hélène, il s'est efforcé d'être exact et qu'il y a réussi. En se dépeignant lui-même tel qu'il était, susceptible, hargneux, insupportable, il donne la mesure de sa sincérité. Le moindre éloge adressé par Napoléon à Bertrand, à Las Cases, à Montholon, le mettait en fureur. Il surveillait son maître à la façon d'une femme jalouse. Il n'était pas toujours fort tendre pour Napoléon et il le présentait parfois sous un aspect peu agréable. C'est ce que lord Rosebery appelle « tracer de l'Empereur le portrait le plus sympathique qui en ait été fait ». Dans l'inaction forcée de Sainte-Hélène, Gourgaud se repliait sur lui-même et se faisait, comme dit la voix populaire, « du mauvais sang ». Napoléon aurait voulu s'en débarrasser au plus tôt, car il souffrait de sa jalousie folle et intolérable, de ses grognements, de son ennui, de ses lamentations. « Comment, dit lord Rosebery, cette petite troupe de Parisiens aurait-elle conservé sa bonne humeur, échouée ainsi, comme une compagnie de mouettes blessées, sur ce rocher des mers tropicales?... Point d'espace, pas de société, pas d'amusement. Rien qu'une pauvre boutique ; encore le gouverneur avait-il défendu qu'on leur y donnât rien à crédit. Tout posé, ils supportèrent avec force d'âme et avec philosophie une destinée qui eût semblé pénible à tous et qui pour eux était vraiment atroce. »

La valeur réelle du journal de Gourgaud se trouve dans l'aspect nouveau qu'il donne souvent du caractère de l'Empereur.

Ce n'est plus le Napoléon violent, dur et emporté que tant de Mémoires et de récits nous ont montré; c'est un Napoléon doux, patient, calme et répondant aux plaintes de Gourgaud : « Vous avez des chagrins? Et moi?... Croyez-vous, lorsque je me réveille la nuit, que je n'aie pas de mauvais moments, quand je me rappelle ce que j'étais et ce que je suis à présent? » Aussi Gourgaud écrit-il : « Cela me fait de la peine de voir réduit à cela l'homme qui a commandé à l'Europe! » Et son journal devient intéressant, parce qu'il est comme imprégné de pitié. Lorsque Gourgaud est forcé de quitter l'Empereur, celui-ci lui donne une petite tape sur la joue et lui dit simplement : « Nous nous reverrons dans un autre monde. Allons, adieu! » Gourgaud l'embrasse en pleurant, et c'est ainsi que finissent leurs anciennes et pénibles relations. J'ai dit quelles réserves m'inspirait le journal de Gourgaud. Je n'ai point à les répéter.

Arrivant au chapitre intitulé « La Déportation », lord Rosebery convient qu'il vaudrait mieux ignorer tout ce qui a été écrit sur ce sujet, car il n'est pas de lecture plus pénible pour un Anglais. « Si Sainte-Hélène, dit-il avec une émotion qui l'honore, rappelle des cruels souvenirs aux Français, bien plus cruels encore sont ceux que ce nom éveille parmi nous ! » Mais il reconnaît aussitôt que lui et ses compatriotes ne sont peut-être pas en état de juger impartialement la situation faite en 1815 au gouvernement britannique. Il lui en avait coûté 800 millions de livres pour envoyer Napoléon à l'île d'Elbe et son retour avait exigé d'autres millions « sans compter l'horrible ébranlement donné au système nerveux de l'Europe. Le principal but des alliés était donc de mettre Napoléon dans l'impossibilité de s'échapper une seconde fois. » Cependant, lord Rosebery croit que l'Empereur n'aurait pu vaincre de nouveau l'Europe, parce que son énergie était affaiblie et que la France était souverainement lasse. Mais les alliés se refusaient à laisser en Europe un dangereux point de ralliement pour les forces révolutionnaires. Il fallait donc mettre Napoléon hors d'état de nuire, et c'était le plus magnifique hommage à rendre à la puissance encore formidable de l'Empereur vaincu.

Il se confia de lui-même à l'Angleterre et celle-ci devint son geôlier. Cependant, en 1814, pendant les négociations de Fontainebleau, lord Castlereagh avait fait dire à Napoléon par le duc de Vicence de venir en Angleterre, affirmant qu'il y serait reçu avec le plus profond respect. « Il saura, ajoutait Castlereagh, que mieux vaut se fier à l'honneur anglais qu'à un traité signé dans des circonstances comme celles d'aujourd'hui. » L'Angleterre avait oublié cette belle promesse faite à Napoléon. Maintenant elle eût préféré, comme l'écrivait lord Liverpool, le remettre au roi de France pour le faire pendre ou fusiller. « *Ce serait la meilleure façon de terminer l'affaire* », disait Liverpool. Le même personnage ajoutait : « Si le roi de France ne se sent pas assez fort pour le traiter comme un rebelle, nous sommes prêts à nous charger de la garde de sa personne. » Lord Rosebery se dit heureux d'avoir à constater que la honte d'avoir livré Napoléon à Louis XVIII, pour être fusillé comme Ney, ait été épargnée aux Anglais. Cependant, ceux-ci ne doivent pas oublier que Wellington avait non seulement refusé de faire la moindre démarche pour obtenir la grâce de ce maréchal, mais encore pesa de toutes ses forces sur le cabinet français pour décider l'exécution. Voilà ce qu'était la clémence anglaise en 1815 ! Le duc de Sussex et lord Holland furent les seuls qui protestèrent contre les agissements de lord Liverpool et de ses collègues. Lord Rosebery, tout en blâmant le lointain et rigoureux exil de Napoléon, avoue qu'il n'y a rien d'étonnant à ce que Sainte-Hélène eût été choisie « comme la résidence qui convenait le mieux à Napoléon ». Dès 1814-1815, le Congrès de Vienne avait pensé à Sainte-Hélène pour le souverain de l'île d'Elbe. « C'était, disait-on, un paradis sous les tropiques. » Talleyrand avait d'abord conseillé les Açores. Il ne s'opposa pas plus tard au choix de Sainte-Hélène. Le duc de Wellington en déclarait le climat charmant, « mais il n'avait pas à s'y rendre et il considérait le sort de Napoléon avec un robuste optimisme où l'altruisme n'entrait que pour une faible part ».

Le choix de Sainte-Hélène fut un coup terrible pour Napoléon et ses compagnons. « Ils s'étaient figuré que le pis qui pût leur arriver serait d'être internés au château de Dumbarton ou à la Tour de Londres. Un bon Français n'est jamais heureux longtemps hors de France. » C'est ce qui le différencie de l'Anglais, qui n'est jamais si heureux que lorsqu'il est hors de son pays...

Mais un tel exil ne suffit pas. On y ajouta toute sorte de vexations. On défendit à l'Empereur d'emmener Savary et Lallemand qu'on interna à Malte ; on le traita comme un général en disponibilité. On essaya de lui prendre son épée, mais celui qui fit un pas pour la prendre recula devant un regard de l'Empereur et se retira confus. Les officiers anglais osèrent rester couverts en sa présence et l'amiral Cockburn se conduisit à son égard comme un pleutre. Lord Rosebery se moque de lui en l'appelant « dompteur de lions ». C'est lui faire vraiment trop d'honneur ! Il est vrai que l'amiral Cockburn eut la condescendance, le jour de la naissance de Napoléon, de boire à sa santé. Sir Hudson Lowe devait succéder à ce sot et insolent personnage. « Il est peu de noms dans l'histoire aussi déplorable que celui-là, convient lord Rosebery. C'était un homme à l'esprit étroit, ignorant, irritable, sans l'ombre de tact ou de sympathie. » Hudson Lowe avait l'air méchant et sournois. Napoléon l'a bien décrit en une ligne : « Son œil était celui d'une hyène prise dans un piège. » Wellington lui-même avoue que c'était un choix malheureux. Il l'appelait « un homme sans éducation et sans jugement, un personnage stupide qui ne connaissait absolument rien des choses du monde et qui, comme tous ses pareils, était soupçonneux et jaloux ». Ce qui n'empêcha pas Wellington, à sa rentrée en Angleterre, de le traiter avec déférence, et le roi Georges IV de lui donner la main !

En dehors de ses défenseurs officiels, deux écrivains seulement parlent avec une certaine indulgence d'Hudson Lowe : le chirurgien Henry et l'auteur anonyme du roman *Edward Lascelles.* Mais leurs attestations favorables ne tirent pas à conséquence. Les commissaires étrangers, Montchenu, Stürmer et Balmain méprisent et bafouent Hudson Lowe. C'est que le gouverneur prête autant au ridicule qu'à l'odieux. Il voit des trahisons et des complots partout, jusque dans les haricots verts et blancs qui rappellent l'uniforme de Bonaparte et le drapeau des Bourbons, dans la soutane d'un prêtre corse qu'il prend de loin pour le costume de Bonaparte, dans les propos naïfs des enfants de Bertrand. Un jour, le triste personnage veut, par extraordinaire, faire montre de courtoisie à l'égard de l'Empereur et lui écrit : « Si les occupations du général Bonaparte le lui permettent, sir Hudson et lady Lowe seraient heureux de le recevoir à dîner lundi prochain à six heures et auront l'honneur de le présenter à la comtesse Loudon. » Un silence dédaigneux fut la réponse de Napoléon à cette sotte invitation. « Je ne veux avoir aucun rapport avec lui, dit-il enfin à Gourgaud ; qu'il me laisse tranquille, car dans les âges à venir, ses enfants rougiront de porter le nom de Lowe. » Et pensant aux Anglais qui lui avaient imposé un tel geôlier il s'écriait : « Ils n'ont aucun sentiment généreux, *Sono mercanti !* » Ils l'étaient bien en effet, ceux qui donnaient à Hudson Lowe pour son entretien 12,000 livres et 8,000 seulement à Napoléon pour lui et ses compagnons d'exil. Napoléon ne vit qu'une fois ce misérable et il le traita comme il méritait de l'être. « Mais, Monsieur, balbutia Hudson Lowe, vous ne me connaissez pas ! — Et ! pardieu ! où vous aurais-je connu ? Je ne vous ai vu sur aucun champ de bataille... Je sais, moi qui ai gouverné le monde, quelles gens l'on prend pour remplir de pareilles missions. Ce ne sont que des hommes déshonorés qui les acceptent ! » Et l'entretien finit là.

Lord Rosebery blâme sans réserves Hudson Lowe et les hommes que ce geôlier employait aux plus basses besognes, comme ce capitaine Nicholls qui osait surveiller Napoléon par le trou de la serrure de son appartement et restait de longues heures aux aguets pour le voir un instant. Cependant il avoue qu'il ne peut pas les charger seuls de ces vilenies ; car ils étaient les agents serviles d'une politique brutale et obéissaient en somme aux instructions du ministère anglais. Pour le titre à donner à l'Empereur, pour l'argent nécessaire à ses besoins, ils accomplissaient fidèlement ce qu'on leur commandait de dire ou de faire. Ils avaient des âmes de valets de bourreau. Napoléon méprisait leurs viles cruautés. On lui avait plus d'une fois proposé une évasion. Il l'avait toujours refusée. « Il vaut mieux, disait-il, pour mon fils que je sois ici ; s'il vit, mon martyre lui rendra la couronne. »

Quels étaient donc les ministres qui ordonnaient contre Napoléon des mesures si sordides et si brutales ? « Liverpool, Eldon, Bathurst, Castlereagh et Sydmouth sont, dit lord

Rosebery, des hommes dont il est impossible de déclarer que leurs noms brillent dans l'histoire... Leur premier désir était que quelqu'un leur rendît le service de prendre Napoléon et de le fusiller à leur place ; faute de quoi, ils se résolurent de le mettre sous clef comme un *pick-pocket.* » Le ministre de la Guerre et des Colonies, spécialement chargé de cette politique, était lord Bathurst. « On a beau fouiller nos dictionnaires biographiques les plus minutieux, on ne trouvera rien de plus sur lui que la sèche énumération de ses emplois officiels, la date de sa naissance et celle de sa mort. » Bathurst s'ingénia à rendre les liens du prisonnier les plus étroits possibles, à l'enfermer dans une sorte d'enceinte pour laquelle il envoya une grille fabriquée en Angleterre. « Il semble que Bathurst fût digne de Lowe comme Lowe était digne de Bathurst. Tous deux paraissent avoir eu le même idéal en matière de tact et de bon goût. » L'Empereur s'était plaint des rats qui infestaient son pauvre logis. Bathurst écrivit à Lowe : « Il y a quelque chose de comique dans cette plainte venant d'un monarque déchu et le fait semble en contradiction avec la sagacité qu'on prête à ces animaux ! » On voit que Bathurst faisait de l'esprit à peu de frais. Après avoir ri d'un pareil sujet de doléances, il ordonnait une enquête, afin de savoir si Napoléon n'encourageait pas la négligence de ses serviteurs pour pousser à la multiplication des rats... De tels procédés semblent invraisemblables ; cependant ils sont réels et font bien comprendre l'indignation de lord Rosebery. Enfin, pendant l'agonie de Napoléon, Bathurst chargea Hudson Lowe de transmettre au général Bonaparte l'expression du vif intérêt avec lequel Sa Majesté avait appris la nouvelle de sa maladie et du désir qu'éprouvait Sa Majesté de lui faire donner tout le soulagement que sa situation comportait, mais sans aucune espérance de transfert... On conçoit que lord Rosebery ait traité comme elle le méritait la mémoire d'un pareil imbécile. « La responsabilité de cet ignominieux épisode, dit-il, n'est pas à Sainte-Hélène avec les Lowe et les Cockburn ; elle est à Londres avec les Liverpool et les Bathurst. » Les chapitres de lord Rosebery sur « Les Personnages du drame ; — Les Commissaires étrangers ; — Napoléon chez lui et ses conversations ; — Les Regrets suprêmes ;

— Napoléon et la démocratie » pourraient donner lieu à d'intéressantes et nombreuses observations ; mais elles m'entraîneraient trop loin et je veux réserver les dernières pages de cette étude au chapitre intitulé « La Fin », chapitre qui me semble le plus important du livre.

« C'est vers Sainte-Hélène, dit lord Rosebery, qu'il faut tourner les yeux si l'on veut apercevoir une dernière fois un grand problème humain. Car Napoléon est un problème et en sera toujours un... Le caractère de Napoléon continuera à tenter les alchimistes de la psychologie. Et il ne faut pas s'en étonner. Il est si multiple et si lumineux qu'il dégage de la clarté comme par mille facettes... Ce n'est donc pas du temps perdu que d'étudier les paroles de Napoléon, indépendamment de tout effort pour deviner le secret de ses prodigieux exploits. Sa carrière soulève une quantité de questions qui se posent et s'imposent, mais dont bien peu peuvent recevoir une réponse directe et satisfaisante. » Qu'en doit penser, par exemple, le philosophe? « Pour le philosophe qui croit, dit lord Rosebery, qu'une main divine dirige les affaires humaines, la relation véritable de Napoléon avec l'humanité se trouvera ramenée à une formule très simple : c'est qu'il fut lancé à travers le monde comme une grande force naturelle ou surnaturelle, comme un fléau, comme un balayeur d'hommes et d'institutions, dont la mission était à la fois positive et négative, surtout négative. Cette œuvre accomplie, il disparaît aussi promptement qu'il est venu. César, Attila, Tamerlan et Mahomet sont des forces du même genre. » Mission négative, l'expression semble plus inexacte qu'originale. Si par mission négative, on entend la tâche de relever un pays tombé dans le désordre et la ruine, de lui donner les institutions qui lui manquaient, de lui rendre son crédit, sa force et son rang, de rassurer les consciences et de pacifier les esprits, on emploie une expression bien peu conforme à la vérité. Si, même par mission négative on entend, comme le dit lord Rosebery, que Napoléon a purifié le sol de l'Europe avec la flamme, fustigé les anciennes monarchies et les a obligées à tenir compte des idées nouvelles, l'expression étonne également. Sans doute, après quinze ans de gloire et de merveilles qui ont surpris le monde, la France subira des bouleversements et des revers, mais elle a conquis un patrimoine de grandeur qui sera sa consolation dans les heures difficiles. Que de fois, après nos dernières défaites, n'avons-nous pas levé les yeux vers ces étoiles immortelles qui s'appellent Marengo, Austerlitz, Iéna, Wagram, et qui ont gardé assez d'éclat pour nous envoyer encore quelques rayons!... Comment les Français oublieraient-ils ces années où l'Europe était « l'enclume sur laquelle tombait le marteau de la France »! Les peuples étrangers ont conservé, eux aussi, le souvenir de ce terrible balayeur d'hommes qui passa comme la foudre au milieu de leurs capitales. Sa trace en est encore assez vivante pour que M. de Bismarck l'ait cité nombre de fois au Reichstag comme un génie dévastateur et que l'empereur actuel d'Allemagne ait, il n'y a pas longtemps, à Erfurt, évoqué la mémoire redoutable de cet « aventurier de génie ». — « Quand on aura retranché tout ce qu'on voudra, avoue lord Rosebery lui-même, il restera encore à son actif un total énorme, irréductible, de gloire et de grandes actions. » Napoléon a promené à travers l'Europe les grandes idées de la Révolution, celles qui représentent la liberté et les droits de l'humanité. Avec lui et après lui, les souverains ont dû compter avec les besoins de leurs sujets et leurs doléances.

Il convient de reconnaître que lord Rosebery salue en Napoléon non seulement un général incomparable, mais un grand administrateur, un grand législateur. Il résume ainsi et fort éloquemment son histoire : « C'est en un espace de vingt ans qu'il a fait tenir son éblouissante carrière, ses conquêtes et l'assaut triomphant qu'il a livré au vieux monde. Dans ce délai si court, nous voyons apparaître le maigre conquérant affairé qui s'élargit en souverain, puis en souverain des souverains. Alors vient la catastrophe. Il perd l'équilibre de son jugement, se rend le fléau de son pays et de toutes les nations. Il ne peut plus être lui-même ni accorder au genre humain une heure de répit. Les frontières de ses voisins deviennent des jouets pour lui; il ne peut les laisser tranquilles : il les manie pour le seul plaisir de les changer de place. Son ennemie insulaire l'obsède, surexcite ses nerfs. Il la voit partout. Il lui assène des coups fiévreux et aveugles. Ainsi il crée l'agitation universelle, l'universelle hostilité, l'impression universelle que son existence est incompatible avec toute société régulière. Cependant il continue son chemin comme s'il était possédé, comme s'il était chassé en avant par quelque démon qui l'aiguillonne et le brûle. Il a cessé d'avoir une raison normale... Alors se produit l'inévitable effondrement : à Sainte-Hélène, nous suivons, avec une curiosité mêlée de pitié, la réaction et la décadence. » Lord Rosebery a raison de dire que l'esprit de l'homme n'est pas suffisamment lesté pour lui permettre d'exercer ou de soutenir longtemps un pouvoir absolu et sans contrôle. Si puissante qu'ait été son intelligence, Napoléon n'a pas fait exception à la règle. Il s'était orgueilleusement dit que son génie était infaillible aussi bien dans la science de régir les hommes que dans l'art de les conduire à la guerre, et voyant autour de lui des monarques, des généraux, des ministres incapables, une société en ruines qui réclamait un architecte et un gouverneur auxquels elle abandonnerait aveuglément son sort, il lui avait semblé que rien ne pouvait arrêter ses ambitieux desseins. L'auteur anglais fait observer que s'il avait procédé plus lentement et pris le temps de consolider son œuvre, il eût été difficile de fixer la limite où ses projets auraient pu s'arrêter. Mais cela, c'était l'impossible. Une nature telle que celle de Napoléon n'était pas une nature temporisatrice. Elle était toute d'élan, de flamme, de fièvre, et ne pouvait s'arrêter.

Certains historiens croient pouvoir fixer la date où Napoléon aurait dû suspendre sa course vertigineuse. Je les admire en vérité. Mais, encore une fois, Napoléon ne le pouvait pas. Il courait à un but impossible, c'est-à-dire à la conquête du monde sans rien voir, sans rien écouter. L'amour effréné de la guerre et de ses conquêtes était une des causes principales de cette agitation désordonnée. « L'obsession d'un désastre qu'on risque, dit lord Rosebery dans une de ses plus belles pages, l'inexprimable effervescence de la victoire, les vicissitudes gigantesques du triomphe et de la défaite, le tumulte, la frénésie, le divin transport, le mépris même de l'humanité et de tout ce qui la touche, vie, propriété et bonheur, l'angoisse des agonies, l'horreur des morts, toutes ces émotions violentes, portées au comble, ne semblent pas seulement élever l'homme pour un moment au-dessus des autres créatures : elles constituent une vie intense que les nerfs humains ne peuvent longtemps soutenir. Oui, le caractère de Napoléon fut profondément affecté par ce jeu de la guerre. L'étoile de sa destinée qui tenait tant de place dans ses pensées n'était que la chance du joueur dans de colossales proportions... D'ordinaire, les généraux sont, Dieu merci ! sous le contrôle de leurs gouvernements dans le domaine de la politique. Mais lorsque le chef suprême de l'armée est, en même temps, le chef suprême de l'État, il n'y a rien qui l'arrête dans cette terrible partie. Il va toujours, renouvelant sa mise, jusqu'au jour où il perd son pays après s'être perdu lui-même. » Cela, c'est l'exacte vérité.

Lord Rosebery se demande à quel moment précis cette grande intelligence perdit son équilibre. Les uns en trouvent le symptôme initial dans l'exécution arbitraire du duc d'Enghien, les autres après Wagram. Quant à notre auteur, il considère cette date comme trop tardive, mais il ne peut cependant en préciser une. Pour moi, je m'en tiens fermement à ce que j'ai dit autrefois : « Le divorce de Napoléon ouvre dans l'histoire de l'Empire la période de la décadence... Après le mariage autrichien, après les cérémonies, les fêtes et l'enthousiasme officiels, surgissent les plus gros événements. La guerre contre la Russie vient s'ajouter aux luttes imprudentes engagées depuis 1806 et 1807 contre le Saint-Siège et l'Espagne. Ces trois guerres amènent la sixième coalition et la chute du régime impérial. Si habile qu'ait été la façon dont fut conduit le divorce, si brillante qu'ait paru l'union contractée par Napoléon avec l'archiduchesse Marie-Louise, ni cette habileté ni cet éclat n'ont préservé l'Empire d'une ruine à laquelle le condamnait une incommensurable ambition... » Lord Rosebery remarque qu'aucun conseil ne vint éclairer ou arrêter Napoléon. Il s'était entouré de médiocres comme Maret, Berthier, Savary, Champagny, ou de perfides comme Fouché et Talleyrand. Je ne crois pas du tout, comme lord Rosebery, que si Napoléon avait gardé Talleyrand et continué à travailler avec lui, il eût conservé le trône. C'est ne pas connaître Talleyrand, qui depuis longtemps déjà minait sourdement l'Empire, intriguait avec l'étranger et les amis des princes et exécrait l'Empereur.

Les causes de la chute de Napoléon ont donc été son amour
immodéré de la guerre, son ambition désordonnée, son orgueil
sans limites. Il avait voulu réduire l'Angleterre par un gigantes-
que duel commercial ; mener à bien l'expédition si difficile contre l'Espagne, se disant qu'il réussirait là où Louis XIV avait
réussi ; réduire la Russie pour détruire le seul point vulnérable
du blocus continental, et enfin abaisser la Papauté pour ajouter,
comme l'avait rêvé Charles-Quint, la tiare à sa couronne,
entreprises immenses qui étaient au-dessus de sa puissance,
si prodigieuse qu'elle fût.

Il est enfin une question que les Anglais ont l'habitude de se
poser à propos des grands hommes et lord Rosebery la pose nettement, sans craindre de faire sourire : « Napoléon était-il
bon ? » Et il répond : « Comme un Wilberforce ou un saint
François, non. Comme un Antonin ou un Washington, non
encore. Les Anglais voient habituellement en lui un démon cent
fois pire que les autres. » Lord Rosebery se tire d'embarras en
employant une expression vulgaire : « Il n'était pas aussi noir
qu'on le peignait. » Mais il se hâte d'ajouter que si Napoléon
avait été interrogé sur lui-même, il aurait répondu que sa morale
était fort bonne pour un homme aussi peu ordinaire que lui.
Lord Rosebery passe à une dernière question qu'il croit beaucoup plus simple : « Napoléon était-il un grand homme? » Et
voici sa réponse catégorique : « Si par le mot « grand » on
entend la réunion des plus hautes qualités morales et intellec-
tuelles, il n'était certainement pas un grand homme. Mais
qu'il fût grand dans le sens de supérieur et d'extraordinaire, il
est impossible d'en douter... Il représente un amalgame d'intelligence et d'énergie qui n'a peut-être jamais été égalé, qui,
en tout cas, n'a jamais été surpassé... Avant qu'il eût paru, personne n'aurait jamais imaginé qu'il pût exister un aussi prodigieux mélange de génie civil et de génie militaire, une compré-
hension aussi vaste unie à une si pénétrante intelligence du
détail, une vitalité aussi extraordinaire de corps et d'esprit...
Il n'est pas un nom qui représente d'une manière plus com-
plète ni plus éclatante la domination, la splendeur et le désastre.
Il s'est élevé par l'usage de facultés surhumaines; il s'est
ruiné par l'abus qu'il en a fait. C'est l'excès de son propre

génie qui l'a perdu. Les forces qui avaient fait son élévation étaient seules capables d'amener sa chute. »

En résumé, il convient de louer lord Rosebery d'avoir parlé de Napoléon dans des termes d'une élévation et d'une justice auxquels ne nous avaient pas encore habitués les historiens anglais. Aucun n'avait rendu un tel hommage à l'ennemi de l'Angleterre. Aucun n'avait flétri avec tant de force la déportation de Napoléon et les traitements indignes dont il avait été l'objet. Aucun n'avait dit que la tâche de garder l'Empereur prisonnier avait été exécutée avec un esprit aussi méprisable et par d'aussi méprisables agents. Aucun n'avait condamné avec autant d'énergie et de dignité la basse politique des ministres Liverpool, Eldon, Bathurst, Sydmouth et Castlereagh, « politique de mouchards et d'Harpagons ».

Au drame qui s'est terminé en 1821 à Sainte-Hélène, un autre drame a succédé et qui dure encore. Dans cette même île maudite, des officiers et des soldats boërs, qui ont lutté héroïquement contre des envahisseurs odieux, sont prisonniers à leur tour et souffrent, à une époque dite de civilisation, des plus abominables traitements. Mrs Green, la veuve du célèbre historien, qui a été visiter ces malheureux, a dit en effet que le camp de Deadwood était un lieu de deuil et de désolation, et que si tous les Anglais pouvaient le voir, ils seraient épouvantés des souffrances sur lesquelles flotte le drapeau de l'Angleterre !

A défaut de lord Rosebery qui, ces jours derniers, renonçant à son ancien programme : « Paix, justice, réformes, économies », a blâmé du fond de sa retraite une grande fraction du parti libéral de condamner la guerre du Transvaal et déclaré qu'il fallait, pour regagner une utile popularité, soutenir de toutes ses forces une guerre juste, faite avec des procédés légitimes et nécessaires, pour qu'elle aboutisse à un prompt succès, se trouvera-t-il un historien anglais qui dénoncera au monde la violation flagrante du droit des gens, les cyniques complots des Rhodes et C°, la diplomatie perfide d'un Chamberlain et la transformation de la guerre de conquête en guerre d'extermination ? D'accord avec MM. William Watson, Bryce, John Morley, Courtney, Stead, Thompson, Massingham et quelques gens de cœur, blâmera-t-il ses compatriotes qui, oubliant toutes les traditions libérales, trouvent cette guerre légitime parce qu'elle est faite au nom de l'empire britannique? Redira-t-il les plaintes et les protestations admirables des Krüger, des Botha et des De Wet? Célébrera-t-il cette poignée d'hommes justes et tenaces qui, sur les ruines mêmes de leur patrie, croient au triomphe final du droit? Fera-t-il comprendre à son pays qu'il a tort, comme Napoléon, de ne pas se préoccuper de l'indignation de l'Europe « et de l'ouragan de haine inextinguible, de ressentiment et de vengeance qui bouillonne et frémit au-dessous de lui »? Lui avouera-t-il que la soif désordonnée des conquêtes détruira fatalement l'équilibre de ses facultés et l'exposera, lui aussi, à des désastres et peut-être à une catastrophe? Retrouvera-t-il, dans ses avertissements à une nation despotique, les accents généreux des Coleridge, des Wordsworth et des Southey contre la tyrannie? Marquera-t-il enfin au fer rouge de sa plume les mesures abominables que lord Roberts et lord Kitchener, d'accord avec son gouvernement comme jadis Hudson Lowe, ont prises contre les Boërs et cela contrairement à la décision de la conférence de la Haye provoquée en 1898 par sir John Ardagh, chef de l'*Intelligence Bureau* au War Office?... Maudira-t-il les abominations révélées par Miss Hobhouse sur les camps de concentration; reproduira-t-il les détails navrants donnés par le général Smicts sur les atrocités de ces camps où périssent des milliers de femmes et d'enfants privés de vêtements, de pain et de lait, sur les tueries et les incendies systématiques au chant du *God save the Queen,* sur la destruction méthodique des fermes, des digues, des moulins, des machines à battre et de tous les instruments de travail, scènes de dévastation et de barbarie telles que, depuis les sinistres exploits des Tilly et des Wallenstein, le monde n'a jamais rien vu de pareil? Dira-t-il, comme lord Byron : « Le léopard a-t-il jamais dévoré l'aigle qui tombe à ses pieds, blessé par la foudre? ô lâcheté! ô honte éternelle! ô souvenirs pleins d'opprobre!... »

Et, après ce beau livre que nous attendons, la justice sera-t-elle entièrement satisfaite et la morale suffisamment vengée

LA CHAPELLE-MONTLIGEON. — Imp. de N.-D. de Montligeon.

LA "QUINZAINE"

Revue Littéraire, Artistique et Scientifique

PARAIT LE 1er ET LE 16 DE CHAQUE MOIS

PARIS, 45, Rue Vaneau, VIIe

Le 1er novembre 1900, **LA QUINZAINE** est entrée dans sa septième année d'existence.

Dans ce bref espace de temps, elle a pris une place importante au premier rang de la presse périodique, et son succès va s'affermissant tous les jours.

Placée depuis le 1er avril 1896 sous la direction de M. George Fonsegrive, l'auteur bien connu de l'*Essai sur le libre arbitre*, des *Lettres d'un Curé de campagne*, des *Lettres d'un Curé de canton*, du *Journal d'un évêque*, de *Catholicisme et Démocratie*, du *Catholicisme et la Vie de l'esprit*, de la *Crise sociale* et de plusieurs autres ouvrages que le public simplement philosophique et lettré n'apprécie pas moins que le public catholique, **LA QUINZAINE** fait nettement profession de dévouement au catholicisme.

Le patriotisme et l'amour qu'on y professe pour les institutions sociales les plus nouvelles et les plus hardies n'empêchent pas qu'on y admette l'expression documentée de toutes les opinions libres.

LA QUINZAINE est ouverte à toutes les compétences, et se fait gloire de n'appartenir à aucune école fermée, à aucun parti étroit.

Une brillante pléiade de rédacteurs venus de la presse libre, de l'Université, de l'Église, où se rencontrent, à côté de membres illustres de l'Institut et des maîtres les plus respectés, des talents plus jeunes mais non pas moins valeureux, lui ont conquis les faveurs du public.

Le prix de l'abonnement est de :

	Un an	Six mois	Trois mois
Paris, France.	**24** fr.	**14** fr.	**8** fr.
Étranger (Union postale). .	**28** fr.	**16** fr.	**9** fr.

Abonnement spécial pour le Clergé et l'Université :

France, un an	**20** fr.
Étranger, un an	**24** fr.

Ces abonnements ne peuvent être pris pour moins d'un an.

LA QUINZAINE est donc de toutes les grandes revues celle qui est le meilleur marché. Elle donne tous les quinze jours 144 pages de texte grand in-8° qui forment au bout de l'année six beaux volumes de 576 pages.

LA QUINZAINE envoie un spécimen gratuit sur demande affranchie.

LA QUINZAINE accepte l'échange avec les publications qui s'engagent à reproduire ses sommaires.

LA CHAPELLE-MONTLIGEON. — IMPRIMERIE DE N.-D. DE MONTLIGEON.

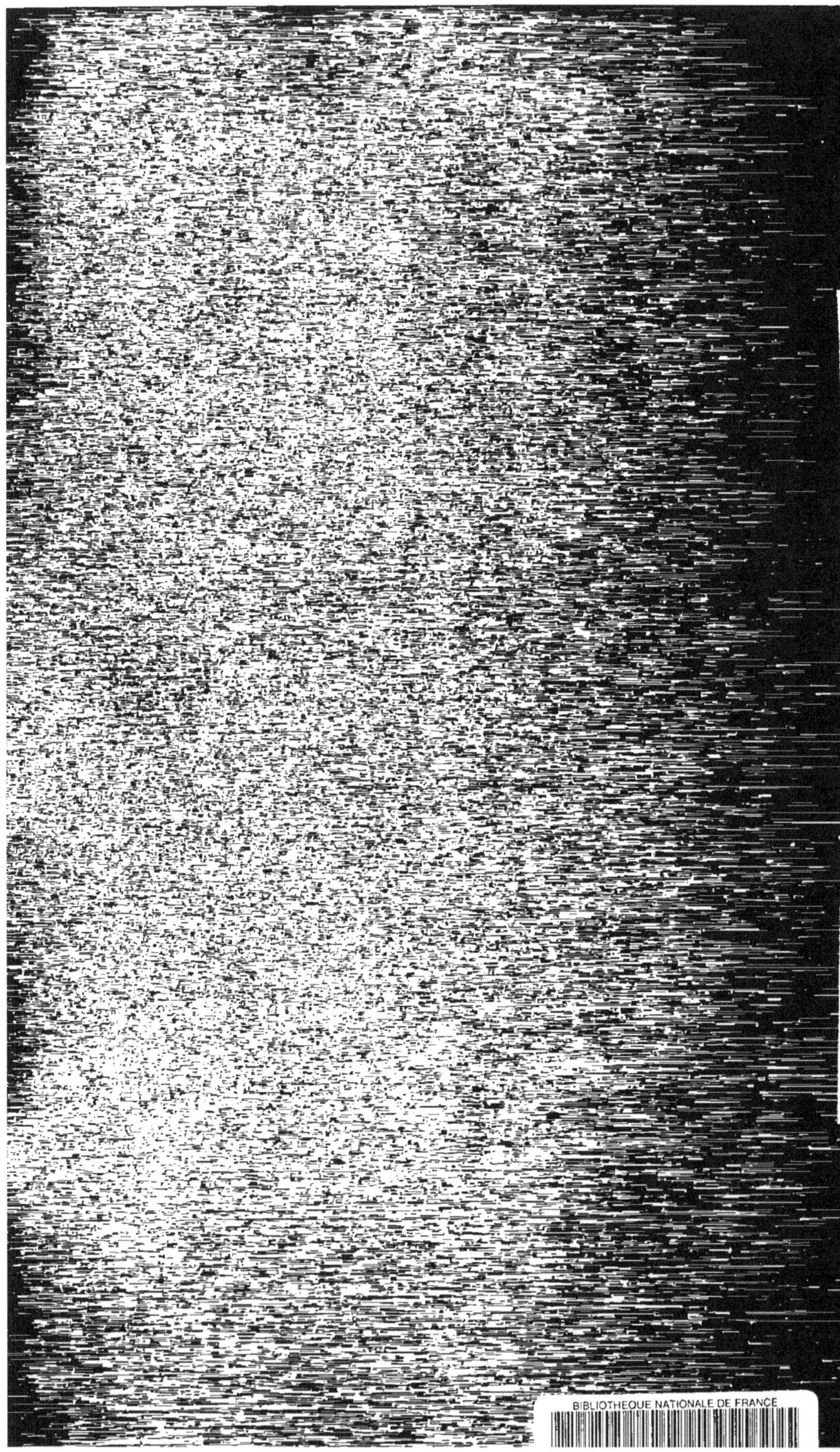

www.ingramcontent.com/pod-product-compliance
Lightning Source LLC
Chambersburg PA
CBHW061713060726
47597CB00006B/2346